ЗБАЛАНСОВАНА СИСТЕМА ПОКАЗНИКІВ

Перетворіть свої дані на дорожню карту до успіху

ЗБАЛАНСОВАНА СИСТЕМА ПОКАЗНИКІВ

Перетворіть свої дані на дорожню карту до успіху

написаний Alice Sanna
перекладено Yaroslav Melnik

50MINUTES.com

ЗБАЛАНСОВАНА СИСТЕМА ПОКАЗНИКІВ

КЛЮЧОВА ІНФОРМАЦІЯ

- **Назва:** Збалансована система показників (BSC)

- **Використання:** Збалансована система показників пов'язує довгострокові цілі організації з її повсякденною діяльністю. Це інструмент стратегічного мислення, який можна адаптувати до загального підходу організації.

- **Чому вона успішна?** Збалансована система показників дає керівникам, працівникам та акціонерам комплексне уявлення про компанію, засноване на фінансових та нефінансових аспектах. Збалансована система показників прояснює короткострокові та довгострокові цілі та стратегії компанії. Вона також забезпечує узгодженість між щоденною діяльністю та загальним баченням компанії.

- **Ключові слова:**

  - Індикатор — якісна або кількісна інформація, яка пояснює зміну змінної величини (економічної, фінансової тощо) за певний період часу.

    - Індикатор засобів обчислює ресурси, які були або будуть необхідні для досягнення мети.

    - Показник ефективності вимірює результати діяльності компанії.

- ○ Ефективність: здатність компанії досягати своїх цілей, використовуючи відповідні ресурси з меншими витратами.

- ○ <u>Змінна</u>: елемент, який може набувати різних значень залежно від групи/середовища, в якому він розвивається.

ВСТУП

Історія та контекст

До 1990-х років бізнес вже мав доступ до бюджетних та фінансових планів. Однак вони часто розроблялися торговими товариствами та промисловими компаніями, часто базувалися на старій, статичній інформації і не враховували операційні показники, клієнтів або людей. Девід П. Нортон (1941 р.н.), співзасновник товариства IT-стратегії Nolan, Norton & Company, та Роберт С. Каплан (1940 р.н.), професор Гарвардської школи бізнесу, розробили збалансовану систему показників (BSC) для вирішення цієї проблеми. Цей інструмент, що поєднує в собі стратегію та менеджмент, був офіційно створений у 1992 році завдяки статті двох американських економістів, опублікованій в Harvard Business Review, "Збалансована система показників: Заходи, що сприяють підвищенню ефективності".

BSC є узагальненням висновків, зроблених в результаті дослідження (яке тривало 12 місяців і проводилося в багатьох різних компаніях), що фокусується на ресурсах, доступних менеджерам для оцінки майбутніх результатів діяльності їхнього бізнесу. Проект Нортона і Каплана був створений у зв'язку з очевидними відмінностями між традиційними методами вимірювання ефективності (заснованими тільки на фінансових показниках) і потребами сучасного бізнесу.

Визначення моделі

BSC – це система показників, яка дає комплексне уявлення про короткострокові та довгострокові цілі та стратегії бізнесу на основі низки індикаторів ефективності. Ці показники оцінюють та вимірюють проекти та цілі компанії. Найбільш інноваційний елемент цього інструменту управління полягає в його аналізі, який базується на чотирьох ключових напрямках:

- **Фінансова перспектива**. Які очікування акціонерів компанії?

- **Перспектива людей,** включаючи клієнтів, партнерів та акціонерів. Як повинен сприйматися бізнес, щоб досягти своїх цілей?

- **Внутрішні бізнес-процеси**. Які бізнес-процеси повинні бути впроваджені для успішного ведення бізнесу?

- **Навчання, зростання та інновації**. Як компанія може підтримувати свою здатність до змін та інновацій?

👁 ПРИЄМНО ЗНАТИ

Збалансована система показників натхненна табло, що використовується на бейсбольних та баскетбольних матчах. При застосуванні вона дає результати відповідно до різних комбінацій змінних. Ретроспективний загальний аналіз також необхідний для оцінки точності системи показників.

ТЕОРІЯ, ЩО ЛЕЖИТЬ В ОСНОВІ КОНЦЕПЦІЇ

На початку 1980-х років наше суспільство стало базуватися на інформації, а не на промисловості. Відтоді підприємствам довелося позиціонувати себе на ринку, який ставав дедалі більш глобалізованим і де задоволення потреб клієнтів було величезною конкурентною перевагою. Це повністю змінило спосіб ведення бізнесу.

Отже, стало важко покладатися на систему управління, яка ґрунтувалася лише на фінансово-економічних показниках оцінки. Бюджетні рамки, що використовувалися раніше, були недостатніми, оскільки ігнорувалися багато аспектів: комерційні цілі, виробничі цілі та людські ресурси.

Каплан і Нортон запропонували автоматичний інструмент управління, який об'єднав всі основні перспективи. Кожна з цих перспектив має свої цілі та показники ефективності. Ці показники висвітлюють критичні моменти, коли бізнес повинен втрутитися, щоб запобігти занепаду. BSC створила стабільність, яка дозволила інтегрувати та збалансувати ці різні показники.

У своїй публікації *"Збалансована система показників"* (1998 р.) ці два економісти пов'язують підхід BSC з системою управління польотами. У своєму прикладі вони наводять катастрофічний сценарій: під час керування літаком пілот концентрується лише на швидкості вітру і нехтує рівнем палива та висотою польоту літака. Пілот виправдовує свій політ тим, що не міг зосередитися на всьому одразу, але це не заспокоює нікого з пасажирів.

Те ж саме стосується і компаній: вони не можуть нехтувати деякими змінними свого управління, якщо хочуть визначати і контролювати загальну концепцію своєї організації. Життєво важливо, як і у випадку з літаком, мати в наявності кілька інструментів для чіткого визначення мети і шляхів її досягнення.

Метод BSC — це більше, ніж простий інструмент для вимірювання ефективності діяльності. Найбільш динамічним аспектом BSC є включення чотирьох ключових сфер для аналізу та взаємозв'язок між теперішнім і майбутнім баченням компанії. Всі перспективи пов'язані між собою причинно-наслідковим зв'язком, який іноді називають "ланцюжком причинно-наслідкових зв'язків", що визначає кінцеві результати і пояснює відмінності між фактичними результатами і початковими цілями. Збалансована система показників використовується як система довгострокового стратегічного управління.

Творці цієї системи виділяють чотири сфери взаємозалежних показників, які, на їхню думку, впливають на ефективність бізнесу:

- **Економічна перспектива.** Як її сприймають наші стейкхолдери?

- **Погляд з точки зору клієнта**. Чи задоволені клієнти?

- **Внутрішні бізнес-процеси**. В якій сфері вона досягла успіху всередині компанії? У чому її сильні сторони? Які бізнес-процеси необхідно налагодити для досягнення амбіцій компанії?

- **Навчання, зростання та інновації**. Що компанія запровадила для підтримки та розвитку своєї спроможності до адаптації, інновацій та зростання?

Кожна перспектива передбачає індикатори:

- метод розрахунку ресурсів, необхідних для досягнення мети;

- результати, які оцінюють діяльність самої компанії.

ФІНАНСОВА ПЕРСПЕКТИВА

Ця перспектива базується на припущенні, що довгостроковою метою бізнесу завжди є максимізація прибутку для його акціонерів. Для цього бізнес повинен використовувати різні стратегії, спрямовані на зростання доходів та продуктивності.

Здебільшого це фінансові цілі:

- зростання доходів (грошовий потік, ліквідність, що генерується господарською діяльністю, товарообіг тощо)

- підвищення продуктивності та рентабельності

- скорочення витрат

- ефективне використання активів

- оптимізоване управління ризиками тощо.

Звичайно, фінансові цілі підприємств значно відрізняються залежно від стадії їх розвитку (зростання, розвиток та зрілість) та їх стратегічних цілей (збільшення доходів та частки ринку продукту, скорочення витрат та/або підвищення продуктивності, краще використання активів підприємства та краща віддача від інвестицій).

ПОГЛЯД З ТОЧКИ ЗОРУ КЛІЄНТА

Така перспектива дає менеджерам комплексне уявлення про різні види діяльності, а також про сегменти споживачів і партнерів, характерні для кожного виду діяльності. Вони можуть виміряти оцінку споживачами продукції та ефективність комерційних процедур, спрямованих на задоволення потреб споживачів.

Бізнес адаптує свою стратегію і робить кроки, які вважає необхідними для того, щоб стати "top-of-mind" компанією (лідером на ринку за оцінками цільового споживача): фокусуючись не тільки на ціні та якості, але й на продукті чи послузі.

Спільними є індикатори результатів та засобів:

- частки ринку

- лояльність клієнтів

- кількість нових клієнтів

- рівень задоволеності клієнтів

- прибутковість сегмента

- заробіток клієнтів

- кількість скарг тощо.

В ідеалі, бізнес повинен визначити свої показники ефективності та цілі в кожній із сфер, в яких він працює. Тим не менш, більшість цих показників є постфактум (визначеними згодом). Щоб виправити це, менеджери повинні також зосередитися на створенні унікальної ціннісної пропозиції, яка залежить від трьох змінних:

* атрибути товару або послуги

* взаємовідносини з клієнтом

* іміджу та репутації бізнесу.

Виходячи з цього, менеджери завжди повинні прагнути розробити кращу ціннісну пропозицію для своїх цільових клієнтів.

ВНУТРІШНІ БІЗНЕС-ПРОЦЕСИ

Ця перспектива дає керівнику загальне уявлення про внутрішню роботу бізнесу. Вона визначає внутрішні процеси, які генерують задоволеність клієнтів (прямо чи опосередковано), а також ключові навички та сфери, в яких компанія досягає успіху.

Кожному виду діяльності відповідає ланцюжок створення цінності, за допомогою якого цінність створюється і доставляється клієнту. Врахування бізнес-процесів гарантує, що менеджер організовує їх послідовно, з урахуванням бізнес-цілей та очікувань клієнтів.

У більшості бізнесів ланцюжок створення вартості складається з..:

* **операційні процеси**, які фокусуються на ефективності поточних процесів (результативність, час, витрати тощо);

- **інноваційні процеси,** які мають значний вплив на здатність організації до інновацій: вони зосереджені на майбутніх потребах клієнта і на тому, як створювати унікальні ціннісні пропозиції;

- **процеси доставки та дистрибуції**, які зосереджені на тому, як споживачі контактують з бізнесом; забезпечення того, щоб їхній досвід був якомога кращим.

Ця перспектива системи показників враховує результативність бізнес-процесів в компанії, роблячи їх узгодженими з поточними та майбутніми очікуваннями клієнтів. Вона визначає показники, пов'язані з інноваційними процесами, бізнес-процедурами та процесом доставки і дистрибуції.

НАВЧАННЯ, ЗРОСТАННЯ ТА ІННОВАЦІЇ

Ця перспектива є важливою, оскільки вона розглядає середовище, необхідне для належного розвитку трьох інших перспектив. Вона передбачає, що здатність компанії досягати своїх фінансових, клієнтських та технологічних цілей безпосередньо залежить від її здатності впроваджувати інновації, застосовувати нові навички та розвиватися.

Індикатори, що використовуються для цієї перспективи, в основному пов'язані з трьома широкими категоріями:

- **Персонал.** Компетенції персоналу компанії мають безпосередній вплив на її діяльність. Вони повинні максимально відповідати потребам компанії (поточним та майбутнім). Найчастіше використовуються показники, що стосуються задоволеності персоналу, потреб у навчанні, плинності кадрів тощо.

- **Інформаційні системи.** Здатність компанії використовувати відповідні інформаційні технології має вирішальне значення. Важливо проаналізувати відповідність між потребами бізнесу та його технологічними показниками і процесами.

- **Організаційна узгодженість.** Адекватність процесу прийняття рішень очікуванням та потребам клієнтів є першочерговим завданням для добре підготовленого персоналу. Співробітники також повинні бути рушійною силою компанії і знаходитися в центрі процесу прийняття рішень. Важливо створити згуртоване середовище, яке дозволяє працівникам зберігати свободу дій та автономію у прийнятті рішень.

Збалансована система показників забезпечує планування та реалізацію необхідних інвестицій в технології, людей та процеси. Наявність показників, які надають інформацію про цей аспект бізнесу, є важливою, оскільки майбутнє зростання компанії безпосередньо залежить від її здатності до інновацій, адаптації та генерування можливостей.

ОБМЕЖЕННЯ МОДЕЛІ

Хоча Збалансована система показників була запроваджена як інструмент управління та контролю за ефективним та результативним бізнесом, деякі наукові експерти в галузі системної динаміки мають застереження. Хенк Аккерманс і Кім ван Ооршот (голландські фахівці) та Баррі Річмонд (американський нейропсихолог, 1947-2002) ставлять під сумнів обґрунтованість моделі. Обмеження BSC можна звести до трьох пунктів:

- **Деякі зацікавлені сторони залишаються поза увагою.** Система показників не враховує всіх зацікавлених сторін компанії. Набагато більше, ніж провал моделі, це часто є проблемою впровадження. Ті, хто впроваджує збалансовану систему показників, часто обмежуються її застосуванням як "чудодійного рішення". Оскільки модель фокусується в основному на акціонерах і клієнтах, менеджери можуть нехтувати зацікавленими сторонами компанії, такими як постачальники. Тому кожній компанії доцільно враховувати власну специфіку при підготовці збалансованої системи показників.

- **Неіснуючий причинно-наслідковий зв'язок.** Одне з припущень моделі збалансованої системи показників полягає в тому, що існує причинно-наслідковий зв'язок. Деякі фахівці, такі як Баррі Річмонд, критикують простоту, з якою встановлюється причинно-наслідковий зв'язок. Вони також стверджують, що модель є статичною і не враховує майбутні плани компанії.

- **Неінтегроване зовнішнє середовище**. Хоча BSC включає деякі зовнішні змінні, вона не враховує їх в достатній мірі. На практиці інтегровані показники здебільшого стосуються лише внутрішніх елементів бізнесу, повністю недооцінюючи вплив середовища, в якому він розвивається.

ЗАСТОСУВАННЯ

У своєму бестселері *"Збалансована система показників"* (1996) Нортон і Каплан пропонують план системного розвитку, що складається з чотирьох кроків. План слугує основою для впровадження BSC, але слід пам'ятати, що кожен бізнес є унікальним і метод має бути адаптований для різних систем.

Крок перший – перетворення стратегії на стратегічні цілі

Обрати операційний підрозділ (тобто конкретний відділ компанії), який буде основою для розробки збалансованої системи показників. Для формулювання узгодженої, автономної стратегії доцільно визначити відповідний підрозділ, розглядаючи весь ланцюжок процесів, включаючи інновації, виробництво, маркетинг, продаж і обслуговування. Загалом, бізнес-одиниця, яка має стратегію для досягнення своїх цілей, є прийнятним кандидатом для збалансованої системи показників.

Після того, як операційний підрозділ обрано, його керівники повинні визначити основну інформацію в рамках свого підрозділу, яка об'єднає цілі та заходи, прийняті компанією і для компанії. Зокрема, вони повинні визначити фінансові цілі (головним чином, зростання та прибутковість), цінності та перспективи компанії (екологічна безпека та безпека персоналу, інновації та конкурентоспроможність) і, нарешті, відносини між різними зацікавленими сторонами (клієнтами, постачальниками, працівниками тощо).

Крок другий – Комунікація цілей та зв'язок між показниками і стратегічними цілями

Другий етап складається з трьох фаз. На першому етапі проект BSC представляється керівникам оперативних підрозділів з метою стимулювання обговорення. Цей час роздумів і конструктивного обміну думками між керівниками та "архітектором" (особою, яка пілотує BSC) призводить до кращого розуміння того, що обидві сторони вважають важливим.

Після збору цієї інформації менеджери повинні пройти етап синтезу, щоб скласти перелік потенційних цілей проекту. На цьому етапі вже важливо проаналізувати причинно-наслідкові зв'язки між різними бізнес-цілями.

Заключним етапом є створення початкового консенсусу щодо збалансованої системи показників. Кожна мета обговорюється виконавчим комітетом окремо, щоб визначити три або чотири основні цілі (економічні/фінансові, клієнтські, внутрішні процеси та навчання/інновації) та надати детальний опис можливих заходів для кожної цілі. На цьому етапі виникає лише одне питання, якщо проект і стратегія є ефективними: якими можуть бути потенційні результати для акціонерів, клієнтів, внутрішніх процесів і зростання компанії? Іншими словами, як ми можемо визначити причину і наслідок кожної стратегії/заходу відповідно до різних стратегічних цілей?

Крок третій – планування, визначення цілей та постановка стратегічних завдань

Керівники роздають підготовлене на попередньому етапі резюме кожній з підгруп для доопрацювання деяких формулювань цілей, порівняння ідей, визначення джерел інформації (та доступу до них), необхідних для реалізації запропонованих заходів та прогнозування їх наслідків.

Потім "архітектор" проекту разом зі своєю командою обирає показники BSC, які найкраще відповідають стратегічним цілям, виділяючи по одному на кожну стратегію. При цьому деякі показники – дохід, продажі тощо – є загальними для всіх BSC. – є загальними для всіх BSC. Ця робота включає в себе верстку:

- детальний перелік завдань відповідно до підгруп та сектору, за який вони відповідають;

- представлення засобів кількісної оцінки кожного заходу;

- графік, що показує зв'язок між заходами та/або цілями відповідно до різних секторів.

Виконавчий комітет збирається вдруге з усіма членами керівництва, безпосередніми співробітниками та посередниками. Метою цього засідання є повторний аналіз проекту, стратегічних напрямків і цілей компанії, а також заходів, запропонованих для BSC (цього разу з більшою кількістю учасників, особливо у великій компанії). На основі цих обговорень та аналізів пишеться інформаційна брошура, щоб донести нові цілі та зміст збалансованої системи показників до всіх співробітників. Основним завданням є заохочення працівників до постановки амбітних цілей для кожного запропонованого заходу.

Крок четвертий – Заохочення зворотного зв'язку та адаптація до процесів

На даному етапі проект BSC готовий, затверджений і зрозумілий у всій компанії. Тепер необхідний план впровадження заходів для досягнення цілей, визначених на перших двох засіданнях виконавчого комітету. Не слід забувати про зв'язок між заходами і базами даних, щоб всі рівні компанії були в курсі процесу і могли думати про можливі розширення початкових заходів. Важливо адаптувати показники та заходи, що впроваджуються на основі отриманого зворотного зв'язку, щоб зробити BSC ефективною та функціональною.

На третьому, заключному засіданні виконавчого комітету затверджується остаточний проект, його цілі та заходи. Тут також обираються перші заходи та ініціативи, необхідні для досягнення поставлених цілей. Наприкінці засідання комітет також доводить остаточну програму до відома співробітників і пояснює, як вона буде інтегрована в систему управління компанією. Цей крок завершує процес і робить BSC ефективною. Вона інтегрується в систему управління для того, щоб менеджери могли зосередитися на пріоритетах, визначених BSC.

Висновок

Цей опис показує поетапну розробку збалансованої системи показників. Очевидно, що цей метод варіюється в залежності від типу і, зокрема, розміру підприємства або організації, яка бажає впровадити модель. Аналогічним чином, терміни впровадження заходів відрізняються залежно від організації, вимог учасників нарад з прийняття рішень та будь-яких перешкод: людський фактор (мотивація, навички та адаптивність персоналу, консенсус між членами організації тощо), надійність або індикатори та час, необхідний для збору інформації.

Як правило, Нортон і Каплан радять, що розробка проекту BSC займає 16 тижнів. Цей період часу дозволяє членам управлінської команди подумати — коли у них є можливість, оскільки вони не присвячують цьому проекту весь свій час — про структурний розвиток проекту, стратегію та інформаційну систему, а також про вплив на управлінські процеси.

ПРАКТИЧНИЙ ПРИКЛАД – MICROSTART

Контекст

У цьому тематичному дослідженні аналізується бізнес мікростартапу, який є неприбутковою організацією. У цьому прикладі впровадження збалансованої системи показників для "МікроСтарт" передбачає адаптацію фінансової перспективи.

👁 Компанія

microStart є активною організацією у сфері мікрофінансування з 2010 року. Компанія допомагає людям, які виключені з традиційної банківської системи, стати самозайнятими. microStart був натхненний величезним успіхом Grameen Bank, який був заснований у 1976 році Мухаммедом Юнусом (бангладешський економіст, 1940 р.н.), який отримав Нобелівську премію миру у 2006 році. Модель Grameen Bank була адаптована в Європі наприкінці 1980-х років Марією Новак (економіст, що спеціалізується на мікрокредитуванні, 1935 р.н.), яка у 1989 році створила у Франції Асоціацію за право на економічну ініціативу (Adie). На сьогоднішній день Адіє є лідером у Західній Європі.

У 2010 році Adie та BNP Paribas Fortis, бельгійська дочірня компанія групи BNP та перший банк у Бельгії, спільно працювали над створенням програми microStart SCRL-FS. Пілотна програма була розроблена з метою надання інноваційної допомоги підприємцям у Брюсселі

microStart, який діє у Сен-Жиль та Шербек (два муніципалітети в регіоні Брюсселя), налічує 9 співробітників та 50 волонтерів. На сьогоднішній день асоціацією надано 350 кредитів (з рівнем повернення 95%).

Бачення та місія мікростарту зосереджені на членах та бенефіціарах організації:

- **Бачення:** надати доступ до кредитів тим, хто був виключений з традиційної банківської системи, а також підтримати створення та розвиток підприємницьких ідей.

- **Місія:**

  ○ для фінансування мікропідприємців, які виключені з традиційної банківської системи і хочуть створити або розвивати незалежну діяльність;

- подтримувати мікропідприємців до, під час та після створення їхнього бізнесу для забезпечення його сталості;

- сприяти покращенню інституційного середовища мікрокредитування та підприємництва.

Збалансована система показників microStart

Збалансована система показників для мікростарту є важливим інструментом програмування та управління. Використовувана щодня, вона слугує орієнтиром при прийнятті важливих рішень. Крім того, організація microStart, яка розробляє свою стратегію в довгостроковій перспективі, в основному зосереджується на інноваціях та людських перспективах для визначення своєї збалансованої системи показників. Для того, щоб надати менеджерам загальне уявлення про бізнес, microStart представляє свої місії та цінності за допомогою багатьох показників, в тому числі з точки зору клієнтів, внутрішніх процесів та навчання. Звичайно, як і всі організації, microStart повинен постійно оцінювати свою діяльність.

Загальний аналіз та перехресне вивчення чотирьох перспектив дає нам повну оцінку бізнесу. Кожна перспектива має кілька стратегічних цілей, які відображаються в діяльності. Ці заходи потім вимірюються за допомогою індикаторів, які були обрані під час різних засідань виконавчого комітету.

- **Фінансова перспектива**. мікроСтарт забезпечує ефективне управління витратами, надаючи необхідні фінансові ресурси для надання кредитів на підтримку нового бізнесу.

- Мета: забезпечення доступності фінансових ресурсів для кредитування

  - Менеджер: microStart SCRL-FS

  - Використані та впроваджені показники: рівень погашення та клієнтський портфель

- **Перспективи клієнтів.** мікростарт прагне збільшити кількість своїх клієнтів, задовольнити поточні потреби клієнтів (кредитна лінія, умови погашення, зручність та дотримання умов, коучинг та навчання) та покращити економічну, фінансову та соціальну ситуацію в країні.

  - Цілі: збільшити кількість клієнтів, відповідати їх очікуванням, забезпечити навчання

  - Менеджер: microStart SCRL-FS

  - Показники, що використовуються та впроваджуються: поточна кількість клієнтів, лояльність клієнтів, кількість скарг, кількість нових клієнтів, залучених за допомогою "сарафанного радіо", кількість клієнтів, що пройшли навчання тощо.

- **Перспектива внутрішніх процесів.** Найбільш важливими аспектами для організації в даному випадку є контроль управління, соціальна відповідальність та однорідний перехід від microStart SCRL-FS до microStart як неприбуткової організації.

  - Цілі: управління та соціальна відповідальність

  - Менеджер: microStart SCRL-FS

  - Використані та впроваджені показники: кількість членів, які пройшли навчання в Генеральній Асамблеї

- **Навчання та інноваційна перспектива.** microStart приділяє увагу навчанню своїх співробітників з метою підвищення їх мотивації та розвитку корпоративної культури, що відповідає стратегічній меті неприбуткової організації.

  - <u>Цілі</u>: мотивація, різноманітність персоналу, тренінги

  - <u>Керівник</u>: некомерційна організація "МікроСтарт" СКРЛ-ФС.

  - <u>Використані та впроваджені показники</u>: плинність кадрів, аналіз задоволеності працівників, кількість годин, відпрацьованих волонтерським персоналом.

РЕЗЮМЕ

- Збалансована система показників — це інструмент стратегії та управління, створений у 1992 році Девідом П. Нортоном та Робертом С. Капланом.

- BSC — це новий метод оцінки ефективності та вдосконалення управління бізнесом.

- Цей інноваційний підхід дає менеджерам комплексне уявлення про бізнес, оскільки фокусується на фінансових результатах, клієнтах, внутрішніх процесах та концепції навчання в компанії. Перехресне вивчення чотирьох перспектив означає, що зацікавлені сторони знають про всі характеристики компанії і жоден аспект не залишається поза увагою.

- Всі перспективи пов'язані між собою причинно-наслідковим зв'язком, а кінцеві результати розраховуються на основі спеціальних індикаторів, які відображають факти в цифрах.

- Збалансована система показників використовується як довгострокова система стратегічного управління.

- Деякі економісти підкреслюють обмеження моделі: деякі зацікавлені сторони будуть проігноровані, причинно-наслідковий зв'язок відсутній, а зовнішнє середовище не інтегроване.

ЧИТАТИ ДАЛІ

БІБЛІОГРАФІЯ

Аккерманс, Х. и ван Ооршот, К. (2005) Припущення про актуальність: Приклад розробки збалансованої системи показників з використанням системної динаміки. *Журнал Товариства операційних досліджень*. 56(8). с. 931-941.

Де Вішер, А., Робберехтс, М. та Ширамбере, Я. (2013) Ключові показники ефективності для аналізу соціальної результативності та впливу мікропроектів microStart. *microStart*.

Гійо, Л. (Без дати) *Збалансована система показників*. [Онлайн]. [Доступно 16 червня 2014 року]. Available from: < http://lionelguillot.typepad.com/scmblog/files/rapport_bsc.pdf>.

Каплан, Р.С. и Нортон, Д.П. (1996) *Збалансована система показників: Переведення стратегії в дію*. Бостон: Гарвардська школа бізнесу.

Каплан, Р.С. та Нортон, Д.П. (1998) *Le Tableau de bord prospectif. Pilotage stratégique : les 4 axes du succès*. Paris: éditions d'Organisation.

Ольве, Н.-Г., Петрі, К.-Ж., Рой, Ж. та Рой, С. (2003) *Зробити системи показників дієвими: Збалансування стратегії та контролю*. Чінчестер: Wiley.

Річмонд, Б. (1994) Системна динаміка / Системне мислення. Давайте просто покінчимо з цим. *Огляд системної динаміки*. 10(2-3).

Тончіа, С. и Квагіні, Л. (2010) *Вимірювання ефективності. Зв'язок збалансованої системи показників з бізнес-аналітикою*. Берлін: Springer.

Ми хочемо почути вас!
Залишайте коментарі в онлайн-бібліотеці
та діліться улюбленими книгами в соціальних мережах!

Видавець забезпечує достовірність опублікованої інформації,
за яку, однак, не несе відповідальності.

Майстер ISBN : 9782808601153
Паперовий ISBN : 9782808602600
Юридичний депозит: D/2022/12603/261

Цифровий дизайн: Primento,
цифровий партнер видавництва..